SUSAN POLIS SCHUTZ
Y OTROS

A mi madre con amor

Javier Vergara Editor
GRUPO ZETA

Barcelona / Bogotá / Buenos Aires
Caracas / Madrid / México D. F.
Montevideo / Quito / Santiago de Chile

Título original
The Joys and Challenges of Motherhood

Edición original
Blue Mountain Press

Traducción
Delia Lavedan

Diseño de tapa
Raquel Cané

Diseño interior
Cecilia Roust

ISBN 950-15-2020-X

Esta edición se terminó de imprimir en
VERLAP S.A. Comandante Spurr 653
Avellaneda - Prov. de Buenos Aires - Argentina
en el mes de septiembre de 1999.

En la vida de toda mujer,
no hay mayor desafío
ni alegría más grande,
que aquellos que proporciona
el hecho de ser madre.

Alegrías y desafíos de la maternidad

Una madre es una maestra...
que ayuda a que sus hijos aprendan a vivir,
les señala la dirección correcta,
les permite cometer sus propios errores,
y después los ayuda a recoger los trozos.

Una madre es una amiga...
que escucha a sus hijos cuando necesitan hablar,
los impulsa a hacerlo cuando no saben
que lo necesitan,
los apoya cuando están abatidos,
y luego los ayuda a entender que las cosas
no están tan mal como ellos creen.

Una madre es un modelo...
cuyo ejemplo guía a sus hijos.

Pero, ante todo, una madre
ama incondicionalmente
más allá de lo que hagan o digan sus hijos,
mostrándoles que no están solos
ni jamás lo estarán,
porque siempre su hogar los estará esperando.

— DEBORAH A. BRIDEAU

Cuando te conviertes en madre, comienza toda una vida de felicidad

No hay nada que pueda compararse
con la alegría de ser madre.
No hay palabras para describir
la felicidad
que causa tener un bebé
o que puedan expresar
el orgullo y el amor que sientes
cuando tomas en tus brazos a tu hijo
por primera vez.
Ser madre es un don especial
que te colma
de felicidad, amor,
y una vida entera de recuerdos.

DEANNE LAURA GILBERT ⤙

Como madre...

Como madre, tal vez puedas
ponerte a veces en segundo plano...
pero siempre estarás primera
    ante los ojos de tu hijo.
Le diste la vida,
pero siempre seguirás dando
amor, apoyo y sabiduría.
No hay dones más invalorables
    que ésos.
Aunque ser madre
jamás será tarea fácil,
recuerda que es
la más importante del mundo.
Confía en tu propio juicio
y no te equivocarás.
Pide ayuda cuando la necesites,
tómate el tiempo necesario para reír
    y para llorar,
y confía en que la experiencia
calmará algunos de tus temores.
Como madre,
    estás moldeando el futuro.

JACQUELINE SCHIFF ー

Convertirte en madre cambia tu vida

La maternidad es una experiencia
que te abre los ojos y el corazón
para que adviertas qué magnífico
　y asombroso es el don de la vida.

Cuando te conviertes en madre,
es sorprendente cómo cambian
tus sentimientos, tus puntos de vista,
tus objetivos y prioridades.
Con la mirada puesta
en los ojos de tu bebé,
comprendes qué es
realmente importante en esta vida.

DONNA NEWMAN ⁓

*H*oy desperté
sintiéndome extraña
pero especial:
por primera vez
en mi vida
reparé en el hecho de que yo
podía tener un bebé.
Mío,
de él,
un bebé.
Increíble.

Todas mis amigas
han tenido bebés,
pero jamás pensé en mí misma
como esposa
o madre.
Era sólo yo, viviendo
mi propia vida
y enamorada de él.

Mas hoy imaginé a un niño
construyendo castillos de arena,
y ese niño era nuestro.

SUSAN POLIS SCHUTZ —

*C*uando eres madre por primera vez,
abres los ojos para contemplar
a ese ser diminuto mientras duerme,
tan flamante y tierno para el mundo.
Haces callar a todos los de la casa
sólo para poder oír el tranquilo sonido
de su respiración.
Das cualquier cosa, lo das todo
para protegerlo.
Desbordas de esperanza y alegría,
de temor y frustración.
Tu mente puede dispararse,
formulando millares de preguntas...
"¿Seré una buena madre?
¿Tendré suficiente amor para darle?
¿Me alcanzarán las fuerzas?"
Sí. Podrás.
Tienes en tu haber toda una vida
de aprendizaje para compartir
y una enorme cantidad
de amor para dar.
Serás magnífica.
Todas esas cualidades
que te hacen una buena persona
harán de ti una madre aun mejor.

JULIA ESCOBAR —

Ser madre es asumir una vida de compromiso y realización

A medida que crece el niño, también lo hace su madre.
Descubre que la maternidad no es su total identidad,
pero sí una parte integral de ella. Jamás volverá
a ser la que era antes del nacimiento de su hijo,
ni se le ocurriría desearlo.

Aprende que el amor no sólo necesita de abrazos y
sonrisas, sino también de disciplina y firmeza. Eso
implica decir que no y ceñirse a ese propósito, aunque
una parte de ella siempre clame por decir que sí.

Aprende que ese pequeño ser es parte de ella, pero
también es un ser autónomo, con su propia vida.
Una hija podrá tener su propio deseo, y un hijo podrá
decir que no con la misma firmeza con que ella lo
hace... ¡y hablar en serio!

Y en las idas y vueltas de la vida, a medida que pasan
los años, madre e hijo se acercan y se alejan, ríen y
lloran, recuerdan y sueñan.

Ser madre es un sacrificio voluntario, una realización,
una tarea que no termina jamás y un amor ilimitado.

PAMELA KOEHLINGER ⟶

¿Qué es un hijo?

Un hijo es un lazo
que te liga para toda la vida,
una sonrisa que logra que tu corazón
se remonte a las alturas.

Un hijo es orgullo
y esperanza.

Un hijo es alguien
cuya felicidad
se convierte en la tuya
y cuyo padecer
es más difícil de aceptar
que el propio.

Un hijo es risas
que iluminan tu vida,
lágrimas que destrozan tu corazón.

Un hijo es amor, un amor que cala tan hondo
que se convierte en parte de tu alma.

BARBARA CAGE ⟶

Plegaria de la madre reciente

Enséñame bien, mi pequeño
a atesorar los momentos que comparta contigo
porque demasiado pronto
   pasarán, raudos, para ser mero recuerdo.

Recuérdame hacer un alto para acariciar
   tu mejilla, pequeña y suave,
para maravillarme ante la inocencia de tus ojos
y la perfecta belleza de tu rostro.

Indícame cómo apreciar mejor el milagro
   que en ti la vida me ha dado,
a quejarme menos y a alabar más
los incontables hechos que tú producirás.

En la quietud de la noche,
cuando interrumpas mi sueño
ayúdame a advertir la bendición que he recibido
de tener la posibilidad de abrazarte contra mi pecho,
de consolarte y acunarte junto a mi corazón.

Y cuando se sucedan las estaciones,
que nunca mire hacia atrás, lamentando
lo que pudo haber sido y no fue.
Que en lugar de eso te deje un legado
y te sirva de guía cuando algún día
llegue el momento en que des la bienvenida
a tu propio retoño.

LINDA KNIGHT

Consejos para la madre primeriza
(desde el punto de vista del bebé)

El primer año que estemos juntos
　　pasará veloz como una flecha.
Habrá momentos que se volverán recuerdos
　　para atesorar en nuestra mente,
　　　nuestro corazón, y nuestro álbum de recortes.
Retendremos imágenes
　　que, de tanto en tanto, volverán a nosotros.

¡Cambiaré con tanta rapidez!
Tú crecerás tanto como yo,
　　y, como yo, lo harás de muchas maneras.
Los momentos difíciles y penosos
　　serán tan sólo eso, momentos.
Pasarán, y al pasar
　　se convertirán también en recuerdos
tan maravillosos de acariciar como yo lo soy ahora.

Confía en ti misma, porque Dios te ha elegido
para que seas mi madre; sabiendo que me amarás,
　　te preocuparás por mí y me conocerás
　　　como nadie lo hará nunca jamás.

LINDA FERREE ➝

El amor entre una madre y su hijo
es uno de los lazos más sólidos que existen.
Es un amor del presente,
intercalado con recuerdos del pasado
y sueños del futuro.
Se fortalece con los obstáculos que aparecerán
al enfrentar juntos temores y desafíos.
Es el orgullo que sienten el uno por el otro
y la certeza de que el amor que les une
resistirá cualquier avatar.
Es sacrificio y lágrimas, risas y abrazos.
Es comprensión, paciencia
y fe compartida.
Es el deseo de lo mejor para el otro,
y la voluntad de brindarle ayuda
cuando sea necesario.
Es respeto, es un abrazo
y una bondad insospechada.
Es encontrar el tiempo para estar juntos
y saber exactamente qué hacer y qué decir.
Es una clase de amor incondicional
para toda la vida.

BARBARA CAGE —

*A*ún puedo recordar el día en que nació mi hijo.
Puedo imaginar su rostro glorioso e inocente.
En un instante, supe que hasta el fin de mis días
me perdería por ese rostro.

¡Había en él tanta gracia!
A medida que fui conociéndolo y amándolo,
pronto supe que también había belleza en su corazón.

Desde muy temprana edad,
fue considerado y cariñoso. A lo largo de los años
su bondad fue saliendo a la superficie
en cada mínimo gesto cotidiano.

Desde que naciera, no hubo día
en el que no me sintiera bendecida
por su presencia en mi vida. De él he aprendido
innumerables lecciones. Siempre ha sido
tolerante con los demás y ha tratado
de hacer las cosas cada vez mejor.

Su risa es plena y encantadora.
Aun tras un difícil día de trabajo
el sólo oírla hace desaparecer mis problemas.

Es un rayo de sol, y yo sé
que el mundo es mejor sólo
porque él forma parte de éste.

Betsy Bertram —

La primera vez que tuve a mi hija
en mis brazos fue algo mágico.
Recuerdo la primera vez que sonrió;
aún conservo intacto ese recuerdo.
Cada vez que la acuné fue un instante de infinita ternura.
A menudo, y en silencio,
me expresó su amor con la mirada.

Por nada cambiaría las innumerables
marcas de sus pequeños dedos
sobre una docena de paredes inmaculadas.
Y en todas las oportunidades, su curiosidad
la llevaba, invariablemente, hasta mis armarios y cajones,
y su imaginación, al dejar su marca
sólo hizo que la amara cada vez más.
Amaba entonces sus risillas como las sigo amando todavía.

He podido verla sumida en sus pensamientos,
y he podido verla actuar tontamente.
He comprendido sus estados de ánimo, he atesorado
nuestros recuerdos, y los he atado a mi corazón.

Cuando llegó a mi vida supe que cambiaría
todo mi mundo, pero entonces no sabía que también
ganaría una amiga para toda la vida.

KATHRYN LEIBOVICH —

*S*er madre es desear
levantar a tus hijos
cada vez que caen,
pero, en lugar de eso, enseñarles
a levantarse por sus propios medios.

Ser madre es desear evitar
a tus hijos toda herida y todo dolor,
pero también saber que valorarán más la vida
si esperan, y trabajan, para conseguir
muchas de sus recompensas.

Ser madre es desear amar
a tus hijos con cada fibra de tu ser,
pero también saber que parte importante
de ese amor se da callada y discretamente
de mil maneras que ellos saben comprender.

KAREN KOLPIEN-BUGAJ ⟶

$\mathcal{S}$i alguien dijera a una mujer
que está pensando en ser madre
cuántos platos deberá lavar,
cuántos pañales tendrá que cambiar,
o cuántas primeras letras deberá volver a aprender,
probablemente lo pensaría dos veces
antes de tener un hijo.

Si alguien le mencionara que su travieso niño
de dos años no es ni la mitad de exigente
que un turbulento adolescente,
que la escuela y las actividades deportivas
requieren el absoluto compromiso vital de una madre,
y que amigos, teléfonos y centros comerciales
son la esencia de los deseos de todo joven,
lo pensaría, no una sino dos veces.

Pero lo divertido de la maternidad
es que una vez que una es madre
ya no puede volver a imaginar la vida
sin el amor y la alegría de ese hijo.
Porque junto a todas y cada una de las obligaciones
y con la interminable cantidad de responsabilidades,
aparece un maravilloso sentimiento de felicidad
que se mete en el corazón
y allí se queda, dondequiera que vaya.

Es el sentimiento del AMOR...
el más hermoso de la vida.

DEANNA BEISSER ―

A veces, cuando miras profundamente a los ojos de tu hijo, tomas conciencia de encontrarte con una mirada llena de sabiduría. Ese niño aún no conoce nada de amor ni belleza. Todo ese conocimiento que has adquirido a lo largo de tu vida, le resulta insospechado. No obstante, encuentras esa mirada, que en un instante te transmite más de lo que años de experiencia pueden haberte enseñado.

HILDEGARDE HAWTHORNE ‒

*L*as mujeres saben cómo criar niños
(lo menos que puede decirse),
cuentan con un alegre y tierno don para saber
cómo atar cintas de pañales, de escarpines,
y enhebrar bellas palabras sin sentido,
y de cargar de significado, con un beso
las palabras más huecas.

ELIZABETH BARRETT BROWNING ‒

Currículum de una madre

Puedo oír los pasos de un niño y diagnosticar
    una temperatura de treinta y nueve grados, aun
profundamente dormida y a varias habitaciones de él.
Puedo marcar un tanto oficial
en un partido de fútbol infantil
y tener tiempo para recoger a los jugadores
    con mi coche durante el entretiempo.

Puedo hacer malabarismos con un bebé en un brazo
mientras cocino una comida de cinco platos con el otro.
Puedo separar la ropa para lavar
    de cada miembro de la familia,
sin perder un calcetín, ni encoger una camisa.

Puedo leer un libro del doctor Seuss con una mano,
mientras juego una partida de naipes con la otra.
Puedo organizar un encuentro de cincuenta mujeres
escasas de tiempo, y con talento culinario,
    para montar la feria de pasteles más grande
que haya visto nuestra escuela.

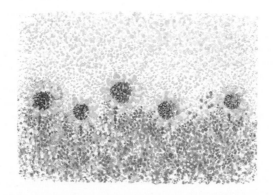

Puedo fingir interés en una conversación
     sobre impuestos con mi marido,
mientras mentalmente planeo una recaudación
     de fondos para la Asociación de Padres.
Puedo aconsejar a una adolescente
que atraviesa las penurias de su primer amor
     igual que como lo hacía mi madre.
Puedo arreglar el triturador de basura con un palo
de escoba mientras salvo al gato
     de ser ahorcado por los dos hermanos.
Todavía puedo ponerme el vestido
que compré con mi primer sueldo
     mientras doy fervorosamente las gracias
porque se use la moda *retro.*

Puedo ser la perfecta y sonriente anfitriona
     y la esposa más compinche
mientras los clientes más complicados examinan
planes de marketing y despliegan planillas.
Puedo empapelar el dormitorio principal
     y ver a mi hijo jugar el campeonato de fútbol
de la secundaria sin gritar ni desmayarme.

Tal vez estas virtudes
no sean demasiado impresionantes
     ni conformen un deslumbrante currículum,
pero seguramente valdrán como clases aprendidas
     y me ayuden a conseguir, algún día,
          un trabajo "en serio".

SUSAN NORTON ⌐

No siempre es fácil criar niños

A veces es difícil ser padres,
    particularmente cuando uno mira a ese joven
    (ése, de entrecejo fruncido y actitud hostil)
y se pregunta cómo es posible que sea nuestro hijo.
Hay ocasiones en que uno puede mirar
    a su propio hijo y preguntarse:
¿Es ésta la misma persona
    que me aferraba el dedo con tanta fuerza
    el mismo día en que nació,
    o que solía alzar la mirada hasta mí,
pensando que yo era lo mejor del mundo?
Uno se pregunta cuándo
se alejaron tanto uno del otro,
o cuándo fueron hechos a un lado y sepultados
    el respeto y la amistad que los unía.
Y se aferra uno a los recuerdos
en los que abrazaba a ese niño cerca del corazón,
    esperando y rogando
    poder resolver los problemas
cuando llegara el momento
    Y uno lo logra.

Aunque no siempre resulta obvio,
el vínculo de amor entre progenitor e hijo
jamás se rompe.
Se estira hasta el límite,
y puede necesitar constantes remiendos
y reparaciones.
Pero, al final, ambos estarán orgullosos
de su fortaleza
y agradecidos por su resistencia.
Hasta ese momento, hay que recordar que
lo único más difícil que ser padres...
es ser hijo.

BARBARA CAGE ⚊

"Hoy no se limpió la casa"

Un poema que le recordará por qué eso está bien

La última vez que alguien me preguntó qué había logrado, no supe qué responder — Ese día no había limpiado la casa — Mi trabajo no progresaba — Mi vida no estaba más organizada de lo que había estado hasta el momento — No había comenzado a darse cuenta de mi lista de cosas pendientes; ¡incluso esa lista parecía haber aumentado unos centímetros! — No se estaban cumpliendo las predicciones de mi horóscopo para ese día — Ni siquiera había tenido tiempo para recordar qué cuentas debían ser pagadas — A duras penas había conseguido tragar un bocado a la hora de comer, y mucho menos había conseguido transformar los fideos del día anterior en un primer plato para la cena — La última vez que me había fijado en ella, no había tenido la impresión de que mi cintura hubiera disminuido de tamaño, aunque estaba segura de que sí lo había hecho mi cuenta bancaria — No estoy conduciendo un coche último modelo, ni vivo en la casa de mis sueños, ni hago un montón de las cosas que algunos consideran esenciales — Pero *estoy haciendo* algo que para mí es lo más importante del mundo:

Estoy atesorando los momentos, estoy tratando de enfrentar los desafíos y estoy haciendo mi parte en la tarea de llevar adelante una familia muy valiosa.

LAUREL ATHERTON —

Qué significa ser madre

Ser madre no es simplemente dar vida,
    sino también enriquecerla y modelarla.
Es poseer una sensación de absoluta seguridad
    y del propio valor para envolver con ella
    al hijo en una coraza protectora
    de amor incondicional.

Ser madre es tener
    dentro de ti el poder de dar
    una indescriptible sensación de consuelo
    que no se puede hallar en parte alguna del mundo
    que no sean tus ojos, tus brazos, y tus palabras.

Es cultivar un jardín de sabiduría y virtudes,
    sin cesar nunca de quitar de él
    las malas hierbas intrusas
    de la ignorancia y el prejuicio.

Es ser capaz de mirar a tu hijo
    en cualquier instancia de la vida
    y sentirse orgullosa de la persona
    en la que se ha convertido.

LYNN BARNHART —

Todo niño

Todo niño debería conocer una colina
y también la pura alegría de bajar corriendo
por su larga pendiente
con el viento enredando su pelo.
Debería conocer un árbol...
el sosiego de su fresca sombra,
y la flexible resistencia de sus ramas,
sobre las que se balancea entre el cielo y la tierra
y así se vuelve una criatura de ambos reinos.
Debería conocer arroyuelos de agua cantarina...
los extraños misterios de sus profundidades,
y las dulces hierbas de sus orillas.
Todo niño debería conocer jirones
de ininterrumpido cielo hacia el cual
elevar su clamor, y tener una estrella,
confiable y luminosa,
a la cual pedirle sus deseos.

EDNA CASLER JOLL ~

Los niños protagonizan los mejores recuerdos

Cuando detrás de ti ya se acumulen los años
y tu pelo se vuelva blanco como la nieve,
los días más felices de tu vida serán aquellos poblados
con los ecos de las risas de los niños.

Mucho después de que hayan crecido tus hijos
    y hayan partido, recordarás...
el orgullo de contar los dedos de sus manitas y de sus pies,
el dulce aroma de un bebé recién bañado,
aquellos primeros pasos vacilantes,
la emoción de sus primeras palabras,
girando bajo el sol de primavera,
arropados con el manto del Señor Invierno,
y también la magia de una mañana de Navidad
    vista a través de los ojos de un niño.

Mucho después de que los platos sucios
hayan quedado en el olvido
junto a los desayunos de las primeras horas de la mañana,
    y el desasosiego de la varicela,
perdurarán en tus oídos los ecos de sus risas.
La remembranza de esas risas infantiles, plenas de regocijo,
regresarán con esos recuerdos tan especiales, maravillosos,
colmados de la presencia de esos niños...
como aquel mágico y sereno sentimiento de amor
    que sólo se vive al contemplar
      el sueño del niño de tus amores.

BETH FAGAN QUINN

El milagro de la vida

"La vida es un don precioso."
Tan a menudo oímos decir esto
que se convierte
en una letanía sin sentido
hasta ese momento
en que la vida estalla ante ti.
Dolor y éxtasis a la vez
ponen en tus brazos a esa perfecta,
preciosa existencia.
La absoluta concreción de una idea
que las palabras mantienen en las sombras
de tu conciencia.
Un universo de amor
la sonriente faz de Dios,
la bondad más allá de toda medida.
Este individuo diminuto...
esta prueba de la esperanza y la fe
y de todo lo hermoso.
Esa maravilla de la creación:
tu hijo.

DANIELLE MORRISON-MACNEIL

Promesa de madre

Como madre, prometo
que siempre haré cuanto esté a mi alcance
para ser una buena madre.
Siempre creeré en mis hijos
y les daré el aliento necesario
para que puedan cumplir con sus objetivos
y concretar sus sueños.
Prometo que les brindaré
paciencia, bondad y comprensión
cuando la necesiten.
Trataré de enseñarles con el ejemplo
los valores y convicciones correctos.
Los escucharé cuando
prefiera darle mis propias opiniones.
Trataré de ser no sólo la mejor madre,
sino la mejor amiga que pueda ser.
Pero, sobre todo, prometo
que siempre los amaré
sin claudicaciones ni planteos.
Los amaré lo suficiente
para abrazarlos con todas mis fuerzas
y, no obstante, dejarlos ir cuando lo necesiten,
para que tengan la libertad de aprender y crecer.
Los amaré, siempre, con todo mi corazón.

DEANNE LAURA GILBERT

Maternidad:
Una celebración de la vida

Es APRENDIZAJE: aprendes de tus hijos
tanto como ellos aprenden de ti. Tal como lo haces tú,
con tu esfuerzo para acompañarlos en su camino
hacia la adultez, así ellos
te acompañan hasta ese sitio maravilloso
de inocencia, imaginación y placer.

Es DIVERSIÓN: tiéndete en el suelo
y juega todos los días con tus hijos. Inventa
oportunidades para jugar. Los platos sucios
se quedarán donde están. Los niños
crecen con demasiada rapidez.

Es PONER LÍMITES: no se trata tan sólo de
enseñar límites a tus hijos, sino de conocer
tus propios límites para la paciencia
y la resistencia necesarias
para enfrentar los largos días, plenos de desafíos
que te aguardan. También aprendes que hay algo
ilimitado: tu sentimiento de amor
para con tus hijos.

Es CONTEMPLARLOS DORMIR: al final de cada jornada,
recuerdas las alegrías más grandes y los desafíos:
cómo te hacen enfadar y luego te llenan de felicidad
en el instante siguiente. Dormidos, sin embargo.
no son otra cosa que ángeles.

Es TIEMPO PARA TI: Toda madre aprende
que el tiempo para ella misma es esencial
para renovarse y recargar energías.
Dos horas a solas, delegando en otra persona
el cuidado de los niños, pueden significar
muchos días de una mejor función materna.
Cuando te sientes bien contigo misma y eres feliz,
todos se sienten mejor.

Es AMOR: amor que se manifiesta cuando
se acurrucan unos junto a otros para escuchar
los cuentos a la hora de dormir o para comer
palomitas mientras miran alguna película alquilada.
O al decir "Te amo" cuando no se lo solicita.
O en abrazos desmañados y besos pegajosos.
La maternidad proporciona más amor
del que nunca habrías imaginado... infinito,
incondicional, de la mayor hondura.

DONNA GEPHART

*L*a madre ideal debería ser fuerte
y buena consejera,
comprensiva y generosa.
La madre ideal debería ser
honesta y franca,
confiable y capaz.
La madre ideal debería ser
tranquila y suave,
flexible y tolerante.
Pero, ante todo,
la madre ideal debería ser
una mujer cariñosa
que siempre esté disponible
cuando la necesiten
y que, al sentirse feliz y satisfecha
consigo misma
pueda ser feliz y cariñosa
con sus hijos.

Susan Polis Schutz

Los dieciséis dones de una madre a sus hijos

Esperanza, entretejida en la trama del porvenir — Amor, cosido a la costura de cada nuevo día — Ejemplo, ofreciéndose como modelo y camino a tomar para poder encontrar el propio — Calidez, cuidado y ternura — Comprensión, cuando nadie más parece comprender — Fe, tanto como la que sienten sus hijos, de que nada que se haya roto no pueda componerse — Sueños, corazón e ilusiones para ofrecer — Nadie mejor que ella para reflejar la bondad de la vida — Una madre es un valioso espejo — En el jardín de sus días, los hijos florecen y pueden crecer — Gracias a su estímulo, se asegura de que sus hijos siempre sepan qué hacer — Para ella, la familia es un inalterable tesoro, más valioso que cualquier riqueza material...

Los dones de una madre a sus hijos
son los dones más dulces del mundo.

COLLIN McCARTY —

La casa ya nunca es la misma después de su marcha

Ojalá pudiera tener
   sus risas de pequeños
      guardadas en una botella,
y atesoradas todas las huellas
   de sus manitas
      en los marcos de las ventanas.

Si hubiera podido conservar todo esto,
   lo sacaría, con todo cuidado,
      cada vez que necesitara hacerlo,
y lo esparciría por todas partes.
   ¡Entonces encontraría tanta alegría
      solazándome en esos recuerdos!

Pero no tengo risas
   ni huellas de manitas
      para retener ni esparcir,
y los recuerdos son algo agridulce,
   ya que la casa no volverá a ser la misma
   sin el sonido de sus risas,
o la bendición de su presencia
   derramándose desde cada habitación.

PRISCILLA WRIGHT ‒

¿ Qué es un hijo?

Un hijo es una cálida marca en tu corazón
y una sonrisa en tus labios.

Al principio, es adorablemente inocente,
y deposita en ti toda su confianza.

Comparte contigo los relatos de sus aventuras
y sabe lo orgullosa que te sientes
con sus hallazgos y sus logros.

Todos sus problemas pueden resolverse con un abrazo
y un beso tuyos; el vínculo que ambos compartís
es tan fuerte que casi se puede tocar.

El tiempo pasa, y tu niño pequeño e inocente
comienza a probar sus límites. Se suelta de tu mano
para adentrarse en las brumas de la vida
sin avizorar el porvenir ni mirar para ambos lados.

Sus problemas han crecido a la par de él,
y ha aprendido que tú no siempre puedes
mejorar su vida ni aventar sus problemas con un beso.

Pasa mucho tiempo lejos de ti, y aunque añores la intimidad
que alguna vez compartisteis, él elige
la identidad y la independencia.

Ya no le resultan tan fáciles de realizar
los descubrimientos ni los logros; en ocasiones
se cuestiona su propia valía.

Pero tú conoces bien la valía de ese joven.
Él es tu pasado y tu futuro. Representa
las esperanzas y sueños que han sobrevivido
a cada decepción y a cada fracaso.

Dentro de tu corazón, tu hijo
es algo precioso, como un tesoro. Juntos habéis luchado
a lo largo de los años, tratando de encontrar
la dosis exacta de independencia
para cada etapa de su vida, hasta que, finalmente,
aprendiste a dejarlo ir.

Ahora tú depositas en él tu confianza y sueltas
a ese hijo a quien con tanto amor retuviste junto a ti,
librado a su propio cuidado. Esperas que siempre recuerde
que tu mano siempre estará dispuesta a sostenerlo
y tus brazos siempre le ofrecerán consuelo o apoyo.

Sobre todo, esperas que crea en sí mismo,
tanto como tú crees en él, y que siempre sepa
lo infinito de tu amor por él.

BARBARA CAGE

El amor
entre madre e hija

Desde el día en que nació mi hija, uso un relicario. No es un relicario de oro o de plata; está hecho de un material mucho más durable.

Mi relicario pende sobre mi corazón, y brilla con un fulgor inimaginable. Cuando lo abro, se puede ver la imagen de mi hija y la mía, recuerdos perdurables y entrañables que comenzaron el día de su nacimiento. ¡Era tan pequeña, con sus diminutos ojos fijos en mí, plenos de confianza! Desde ese día supe que la imagen de su alma siempre reflejaría esa confianza.

Antes de que pudiera darme cuenta, estaba dando sus primeros pasos. Esos pasos pronto la llevaron hasta la escuela. Me llenó de alegría verla sonreírme con su sonrisa desdentada, formulando interminables preguntas acerca de los misterios del mundo. Traté de responderlas todas, para que supiera que eran importantes.

Con cada nuevo amanecer, disfruté de todos los momentos mientras ella crecía, física y espiritualmente, aprendiendo cosas nuevas sobre la vida y anudando nuevas amistades, que la acompañarían en los días por venir. Supe también que, con su fuerza y decisión, pronto llegaría el día en que remontaría vuelo.

Pareció que su crecimiento se completó en un abrir y cerrar de ojos. Sus pasos la fueron llevando lejos de aquel cielo de nuestro patio bajo el cual solía jugar, hacia un horizonte más amplio que la aguardaba más allá. Comenzó a encontrar sus propias respuestas.

Sé que dentro de mi relicario, los recuerdos conservarán a mi pequeña niña siempre cerca de mi corazón. El relicario brillará eternamente, ya que está hecho de un amor que no desfallece, el amor entre madre e hija... la gema más preciosa de la vida.

HEATHERLEE ANNE MACE —

Los niños crecen con demasiada rapidez

Con demasiada rapidez crecen, y se alejan de tus brazos
que los sostuvieran tan cerca de ti
y se yerguen a tu lado sosteniendo tu mano.

Con demasiada rapidez se sueltan de tu mano
y te rodean los hombros con su brazo
abrazándote, mientras el tiempo pasa.

Con demasiada rapidez se plantan sobre sus propios pies,
altos y fuertes, independientes y seguros de sí,
mostrándote la persona en la que se han convertido,
sabiendo que el orgullo que sientes
no podría ser más grande.

Con demasiada rapidez los días de la infancia pasan
pero los recuerdos de esas épocas
perduran en tu memoria, tan claros como siempre.
Y como son tus hijos
siempre serán bienvenidos a tus brazos,
ya que nunca serán demasiado grandes,
ni demasiado crecidos
para abrazarlos junto a tu corazón.

DEANNA BEISSER —

El amor de una madre
es para toda la vida

Existe un arrollador sentimiento de amor
que colma el corazón de una madre
toda vez que ésta hace un alto y piensa
en el milagro que representan sus hijos en su vida
y en lo maravillosa que esa vida es gracias a ellos.
Todos los progenitores sienten especial
e infinito amor por sus hijos,
pero no hay manera de que ese hijo comprenda
las honduras de ese amor,
sino hasta el día en que él mismo
se convierta, a su vez, en padre.

Un hijo es un milagro que nunca pierde
su condición de milagroso.
Un hijo está lleno de belleza
y esa belleza es infinita.
Un hijo es amoroso, atento
y realmente sorprendente.
El tiempo pasará y muchas cosas cambiarán,
pero la total alegría que un hijo trae a nuestra vida
sólo se hará más profunda y más importante.

DEANNA BEISSER ⟶

¡No hay nada mejor que ser madre!

Por todas las lágrimas que llenan los ojos de una madre
y todas las plegarias por las que se hinca a rezar;
Por todas las cosas que causan aprensión o temor
y que su risa consigue ahuyentar;
Por su dosis extra de bondad
cuando los sentimientos de sus hijos han sido mortificados;
Por su dulce comprensión
cuando sus hijos se sienten totalmente confundidos.
Por todo el trabajo y la preocupación que sus hijos
la obligan a soportar;
Por la confianza que en ellos deposita
cuando se sienten inseguros.
Por sostenerlos sin permitir que decaigan
cuando los sueños parecen derrumbarse a su alrededor;
Por toda la fe que en ellos tiene
cuando los demás parecen tener dudas.
Por las tiernas palabras con que les enseña
todo lo que anhelan saber;
Por las veces que se destroza su corazón
cuando los ve alejarse de su lado.
Por las vacías noches en que los ayuda
a soportarlas cuando se sienten más solos;
Por enseñarles a superarlas por sus propios medios.
Por acompañarlos, con sus manos amorosas,
a superar las interminables horas de las lágrimas;
Por todas las sonrisas que dibuja
para ellos a lo largo de los años.
Por el orgullo que por ellos siente en cada paso que dan;
Por enseñarles a convivir con sus errores, y a aprender de ellos.
Por estas cosas y muchas más...

¡No hay nada mejor que ser madre!

DIANNA BARNETT

Agradecimientos

Agradecemos profundamente las autorizaciones otorgadas por los siguientes autores, editores y representantes de escritores para reproducir poemas y extractos de sus publicaciones:

Julia Escobar, por *When you're a new mother...* © 1999, *Julia Escobar. Todos los derechos reservados. Reproducido con permiso.*
Pamela Koehlinger, por *Motherhood is a Life of Commitment and Fulfillment.* © 1999, *Pamela Koehlinger. Todos los derechos reservados. Reproducido con permiso.*
Barbara Cage, por *What is a child* y *Raising Children Isn't Always Easy.* © 1999, *Barbara Cage. Todos los derechos reservados. Reproducido con permiso.*
Linda E. Knight, por *The New Mother's Motto.* © 1999, *Linda E. Knight. Todos los derechos reservados. Reproducidos con permiso.*
Betsy Bertram, por *I can still recall...* © 1999, *Betsy Bertram. Todos los derechos reservados. Reproducido con permiso.*
Deanna Beisser, por *If anyone ever told...* © 1999, *Deanna Beisser. Todos los derechos reservados. Reproducido con permiso.*
Susan Norton, por *A Mother's Résumé.* © 1999, *Susan Norton. Todos los derechos reservados. Reproducidos con permiso.*
Lynn Barnhart, por *What It Means to Be a Mother.* © 1999, *Lynn Barnhart. Todos los derechos reservados. Reproducido con permiso.*
Beth Fagan Quinn, por *Children Create the Best Memories.* © 1999, *Beth Fagan Quinn. Todos los derechos reservados. Reproducido con permiso.*
Danielle Morrison MacNeil, por *The Miracle of Life.* © 1999, *Danielle Morrison MacNeil. Todos los derechos reservados. Reproducido con permiso.*
Deanne Laura Gilbert, por *A Mother's Promise.* © 1999, *Deanne Laura Gilbert. Todos los derechos reservados. Reproducido con permiso.*
Donna Gephart, por *MOTHERHOOD: A Celebration of Life.* © 1999, *Donna Gephart. Todos los derechos reservados. Reproducido con permiso.*
Priscilla Wright, por *Home Never Feels the Same After They're Gone.* © 1999, *Priscilla Wright. Todos los derechos reservados. Reproducido con permiso.*
Heatherlee Anne Mace, por *The Love Between a Mother and Daughter.* © 1999, *Heatherlee Anne Mace. Todos los derechos reservados. Reproducido con permiso.*